내가
낯설다

당진문화재단
2017 당진올해의문학인 선정작품집

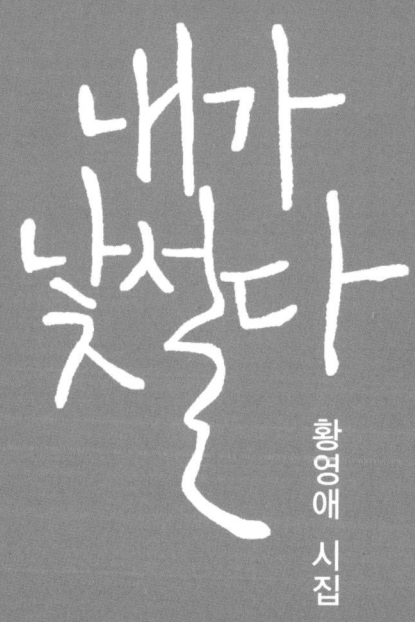

내가 낯설다

황영애 시집

도서출판 천우

● 시인의 말

행간으로 당신을 읽다가 지웠다
텅 빈 여백
채울 수가 없었다
불거지는 푸른 동맥으로
독백처럼 내게 묻는다
침묵을 꼬깃꼬깃 접어 잘근 씹었다
목구멍에 부러진 자음 모음이 걸려
심장에 뭉툭한 뿌리를 내려
나무 한 그루 키웠다

헛바닥을 말아 거름을 주었다
정맥으로 내려온 뿌리에
울음이 고인다
꽃물 들인 손톱에 발열이 난다
하얀 온도처럼
투명하게 울 것이다
당신을 사랑한 죄로
당신도, 참 아프겠다
밤새 하얗게 젖겠다

2017년 12월
황성예

제1부

● 시인의 말

꽃그늘 __ 13
마음의 비탈 __ 14
첫 번의 장례식 __ 16
손짓 __ 17
씨감자 __ 18
동백꽃 __ 19
목련꽃 가슴 __ 20
감감 __ 21
단풍잎 전언 __ 22
이슬 __ 23
겨울 섬진강 __ 24
꽃의 화해 __ 25
울음의 무늬 __ 26
사라진 꽃자리에 대한 갈망 __ 28
파꽃 __ 30
나도 참 좋아 __ 31
영원의 문턱에서 __ 32
초록 슬하 __ 34
건강한 비트 __ 35
말하자면 테트리스 __ 36

제2부

차가운 여름 __ 39
추억의 견해 __ 40
조용한 갈채 __ 42
웃음꽃 __ 43
돌아눕는 남자 __ 44
척 __ 46
웃음의 잔해 __ 48
고장 난 냉장고 __ 49
두물머리에서 __ 50
마네킹 __ 51
지워진 길 __ 52
꽃다지 꽃 __ 53
주름 __ 54
산국의 제사 __ 55
풍경이 되고 싶네 __ 56
헌화(獻花) __ 57
한 권의 시집 __ 58
건조 주의보 __ 59
어떤 식욕 __ 60

제3부

꽃 몸살 _ 63
고래를 꿈꾸며 _ 64
여자로 보였네 _ 65
개망초 _ 66
핸드백 _ 67
제비 _ 68
손톱 _ 70
죽여주는 가게 _ 71
황태 덕장 _ 72
영자 횟집 _ 73
루드베키아 _ 74
감꽃 _ 76
파김치 _ 77
봄바람 _ 78
풍산 신양리 _ 80
비비다 _ 82
유통기한 _ 83
꼬막 _ 84
간절하게 _ 85
별을 닮은 딸 _ 86

제4부

꽃 문신 _ 89
입술, 그 수심에 대해 _ 90
오래된 봄 _ 92
멍 _ 94
권태기 _ 95
벚꽃은 피는데 _ 96
내 마음의 외딴집 _ 98
엄마의 봄날 _ 99
보길도 _ 100
안부 _ 101
노을 _ 102
투명한 향기 _ 103
부분일식 _ 104
봄날, 덧나서 _ 106
붉은 문장 _ 107
명자꽃 _ 108
느낌 _ 109
민들레꽃 _ 110
부츠를 신은 딸 _ 112
냉이 꽃 _ 113

● 해설 은유시인(隱喩詩人) 황영애론(論) / 이수화
     _ 114

제1부

꽃그늘

봄이 와도 담장 안 목련은 꽃이 피지 않았다
베어버려야겠다는 말을 들은 모양이다
엄마는 우리가 놀라게 한 것이라고 했다
귀띔으로 흘린 말도 감정이 있는 법
어둠이 귀를 쫑긋 세우고 있었다

엄마는 가슴에 막내딸을 묻고 사신다
그렇게 많은 눈물이 어머니 몸에
들어 있다는 것을 처음 알았다
수맥처럼 엄마에게선 늘 물소리가 났다
그늘이 커가는 소리는 봇물 소리 같다
엄마는 평생 봇도랑을 몸 안에 키웠다

"이 집에 너무 오래 살았구나"
말끝을 흐렸지만 또렷한 봇물 소리
마른침이 목젖에 걸렸다
꽃을 버린 목련이 머잖아 제 흔적마저 갈무리하면
바람이 불 때마다 허공에 꽃그늘이 생긴다고 했다

엄마의 울음에 꽃그늘이 더 짙게 생겼다

마음의 비탈

산을 오르는 일은
능선이 되는 일
오늘은 내가 낯설다
산세를 닮은 비탈
바람과 역방향으로
턱까지 닿는 맥박,
너덜 길 등고선이 아득하다

나는 언제부터 비탈을
오르는 것에 몸을 사렸나
산다는 것도 결국
마음 비탈을 세우는 일
세상의 모든 산도
비탈로 이루어져 있지 않은가
봉우리를 향해 오르는 일은 결국,
비탈에 등을 기대는 일

생의 밑변과 빗변을 잇는 건
비탈 같은 받침 하나
바늘귀처럼 가는 구멍으로
바람길 하나 내고 들여다보면

누군가 나를 빤히 내다본다
비탈처럼 굽은 저 등,
후생의 내 그림자

첫 번의 장례식

나무가 일제히 고개를 숙이고
울음을 참고 있다
참을수록 더욱 더 팽팽해지는 그늘
흘깃 눈길만 줘도 터져버릴 듯 부푼
저 어둠의 속내가
까맣게 탄 심장의 재가 되어
땅속으로 물속으로 가지를 뻗는다

온몸을 돌아다니는 그늘의 뼈대
울음이란 참을수록 더 팽팽해지는 것이어서
뼛속까지 그늘이 출렁이는 것이어서
입이 마르고 울대가 터지도록
바짝 마른 울음이 고인다

납작한 울음의 바닥에 쌓인 파문
오리의 성대처럼 개구리의 혀끝처럼
목젖에 맺힌 붉은 주머니를 터트리면
호흡 한 번에 울음 하나 토해내고
한숨 한 번에 명치에 구멍 하나 내는
오롯이 혀 깨무는 고통의 후렴처럼

나무 그늘이 뜯어진 제 울음을
꾹꾹 꿰매고 있다

손짓

마른 나뭇가지가
바람의 악보를 보고
지휘를 한다
구름을 한 장 넘기면
높은음자리표로 시작되는
시냇물 소리 한 소절
바람 소리 길게 늘어지면
부리로 캐스터네츠를 치는
새들이 목청을 다듬는다

내 손바닥에도 악보가 하나 있는데
손금으로 지은 노래 속에는
내 생의 음영이 낮은음자리표로 있다
희미하게 갈라진 운명선과
손바닥 복판에서 멈춘 재물선과
잔뿌리가 많은 까닭에 늑골 닮은 애정선,
삶의 더께로 점철된 손에는
온몸으로 지휘하는 오케스트라가 있다

씨감자

내리 딸을 일곱 낳은 외할머니
깊은 한숨을 쉬셨다지
앞집 머슴애가 놀러라도 오는 날이면
요 감자 같은 놈 어찌 이리 예쁠꼬
슬쩍 불알을 쓰다듬고는
눈을 딴 씨감자 바구니를 들고
빈 밭으로 나가시곤 하셨다지

몇 해를 감자 심어 번 돈으로
혼기 덜 찬 딸들 하나둘씩
혼수 장만하여 떠나보내고는
감자 꽃을 모조리 꺾어
외할아버지 방에 꽂아두었다지
그 여름 같은 봄을 본 외할아버지
내리 감자 같은 아들 삼 형제를 낳고
해마다 빈 밭에 씨감자를 정성껏 파종했다지

씨눈을 따다가 문득,
생에 반을 만삭인 채로 씨알 굵은 감자를 키워낸
외할머니의 억척에 눈물이 난다
연보랏빛 감자꽃에 흔들리지 않으시고

동백꽃

붉은 언어는 침묵입니다
차라리 묵음으로 말을 하세요
그대 관심 밖은 어디든 한대라
부은 목젖, 붉은빛 도는데
웃어도 웃는 게 아니랍니다

찬 바람 곱게 갈아 분 바르고
오지랖에 속정 꾹꾹 여미고
맨발인 듯 빈손인 듯 달려갑니다
붉은 옷으로 가린 몸
열꽃 피어 붉게 휘발함에
파도 그리 부서진들 눈물 마를까
수평선 목을 맨 나는 동백,
당신은 해풍이었으면 좋겠어요

꽉 잠가 놓았던 마음
빗장 풀리는 날
붉은 파도 바다에 둥둥 떠
붉은 치어 방파제를
거슬러 오릅니다

목련꽃 가슴

엄마의 열여덟과 마주했다
어여뻤고 슬펐다
젊었고 아려왔고
꽃비가 눈부시게 쏟아졌다

남자의 어머니가 문을 지키고
남자는 치맛자락에 묻어와
투명하게 다가왔다
엄마의 열여덟을 내가 앓았다

이토록 신기한 열여덟
이토록 충만한 열여덟
목련은 뜨거운 심장을 하고
겨울에도 피어났다
우리의 전부가 된 엄마

엄마의 젊음이 온몸으로 피어나
내 몸으로 들어오고 있었다

감감

이렇게 익어 붉어졌다고
속 시원히 말하지 못하네
마음속 우편함에
그리움 쌓아놓고
열반의 다비식을
치르고 있네

세상의 소식은
가만히 있어도
절로 스며드는데
빛바랜 추억만
무엇에 쓰려 하는가

아득하여라
나 이렇게 어여삐
붉어졌다고
바람결에라도
알리고 싶네

단풍잎 전언

늦은 가을비
노란 책갈피가 젖는다
붉은 신호등 아래 한 장 한 장
뚝뚝 끊어지는 마디들
나무의 말이 바닥에 쌓인다

뿌리에서부터 뜨거워져
수피를 뚫고 나오는
저 뜨거운 말
불을 닮은 붉은 문장
바닥이 귀를 기울이는
일필휘지,

젖은 말들이 뿌리를 내리도록
가을비 촉수를 활짝 뻗는다

나는 늙어 이만치 왔는데

이슬

희뿌연 아침
잎마다 조용히
젖은 말을 머금고 있다
간밤에 슬픔이 다녀갔을까
실핏줄이 투명한 받침에
세상의 불협화음
모두 그 속에 들어가
영롱한 보석이 되었다
수천 도의 물로 구워진 언어들

내 혀는 늘 젖은 말을 산란한다
아침에 슬어 놓는 치어들은
심장이 달리고 꼬리가 날린 후
이파리를 사각사각 베어 먹는다

겨울 섬진강

강가에 키를 낮춰 누운 집
방 안에 물너울 도란도란 일렁이고
고무신 가지런히 맷돌 위에
얹어 놓은 그 여인
매화꽃 필 무렵
은세계에 들겠네

모래에 누워 빛을 품다
엉겁결에 강물 입덧하는 물새들
토실토실 아랫배 불러오면
강물 닮은 새끼들 바글바글
섬진강 젖을 물고 옹알이
산수유 꽃 필 무렵
노랗게 날겠네

꽃의 화해

녀석이 꽃 한 송이를
식탁 위에 놓고 침묵이다
며칠 퍼부은 잔소리 치고는 서정적이다
눈빛의 간격을 좁히는 무언의 화해
환하게 다가오는 꽃에 손을 내밀다
요사이 있었던 일들을 뒤적여 본다
마음에 담지 못해 쏟았던 말들
엎질러져 주워 담을 수 없었던
덧난 상처들
어느새 꽃 한 송이가
보드라운 생각을 주문했다

울음의 무늬

네 울음이 떠나지 못하고
허공을 돌아다니다
슬픈 물 자국을 남겼다
네 부음을 받았던 여름
끈적이는 물이 어두운
물집을 지어 우는 사람을
가두어 놓았다
짐승의 울음 같은 여름을
꼭꼭 묻어놓고 있었다

거기 누구 없어요
똑똑
긴 머리 여자가
무늬를 들고 절규했다
늙은 여자는 몸에 무늬를
새기고 있었다
삶과 죽음의 경계 사이에
우는 무늬가 만들어져
출렁이고 있었다

나는 한 계절을 보내고서야
어둠 속 무늬를

울음으로부터 건져냈다
그리고 꼭꼭 묻어주었다
죽은 자의 흔적에서
무늬가 있다는 것을
그해, 겨울을 맞으며
알게 되었다

사라진 꽃자리에 대한 갈망

마당 다섯 평 꽃밭 스무 평을 가꾸는 엄마
할미꽃 제비꽃 으아리 매 발톱
지상의 꽃들이 철마다 등불을 켰다
꽃 심으면 먹을 것이 나오나
탓을 하는 아버지를 달래
뒤뜰 채마밭에서 한나절을 보내지만
눈빛은 온통 꽃밭이었던 엄마

장미 넝쿨이 옆집 담장을 넘어
저놈의 넝쿨 베어버려야지
아버지의 모진 말에
저것들도 귀가 있다며
맨살로 가시 줄기를 갈무리하는
엄마의 꽃은 생채기 사이에 피어났다

장미가 늙어
무색무취의 폐경을 맞았다
엄마도 꽃이 지는 속도만큼 생기를 잃었다
꽃밭은 흑백의 풍경이 되어
마른 가지에 그늘이 고였다

끝내
꽃자리는 침묵에 자리를 내줬다
아버지의 영역은 넓어졌지만
여백뿐이었다

야들아
차라리 꽃 아래 누워 너 엄마와 뜨겁게
등을 지지고 싶당게
꽃자리가 없어진 곳에 메아리가
고이기 시작했다

파꽃

머리 허연 부부가
막걸릿잔을 앞에 놓고
눈빛을 쓰다듬는다
바라보는 시선들도
연한 꽃빛이다

반백을 함께 산 익숙함이
저리 깊은 눈매를
만들었을까
밀회하듯 닮은 주름이
질곡의 문장 같다

고적한 순례를 끝낸 것처럼
입술에 담긴 말이 꽃으로 피어나
배경마저 환하다

오랜 부부가 만드는 이 저녁
수묵화 한 폭 고즈넉하다

나도 참 좋아

저만치
잎을 흔들어 꽃 피우느라
머리 허연 할미꽃이 되었을 때
문득
귓불을 물들이는 말이 생각난다

뒷산 소나무 아래
사금파리로 살림 차리고
풀잎 뜯어 밥을 해준 그 머슴애
예쁜 색시야 맛있게 먹어
나는 네가 참 좋아
배부르지 않아도 충만한 포만감
소나무 이파리가 붉어 보였던 날

수줍어 나만 받고 너에게 주지 못한
더는 앞으로 나가지 못했던 말
세상에서 가장 설렜던
내 가슴에 뚜렷이 새겨진
나도 참 좋아

영원의 문턱에서
― 빈센트 반 고흐 작

그 남자의 집은 늙어가고 있었다
구렁이가 집을 지키고
거미가 어둠을 물고 다녔다
나무로 깐 바닥에는 우울한 노래가 걸려
덜컹대고 있었다

주름을 꾸깃 접어 주머니에 넣은 남자
미로 찾기를 하고 있을까
길을 잃어 헤매고 있을까
부러져 병약해진 몸으로
우울을 말아 넣었다

그는 오래오래 울었다
제 울음을 삼키는 속이 빈 악기처럼
울음을 쟁여놓고
손가락으로 리듬을 타고 있었다
침묵을 연주하는 것처럼

남자의 눈이 쏟아져 어둠 안쪽을 훑는다
모든 것이 찰나,
빛의 궤적을 따라 선을 긋는 환상

부리 없는 새가 모서리를 찍었다
모든 출생은 손끝에서 시작되니

아드리아누스 야코부스 자더란드 씨
삶을 울음으로 드러내지 말아요
손끝으로 세워지거나 사라지는 것
찰나거든요

초록 슬하

여름의 등뼈에서 나무들은 늙어도 초록이다
번져오고 스며드는 잎사귀의 광채
저 속에 길을 내어 집을 짓는다면
온전히 초록 숲에 머물 수 있겠다
저물고 저물어도 초록 숲길 속에 들어
캄캄했던 지난날을 들어 올리며 살 수 있겠다
우거진 손으로 뼈를 조이는 칡넝쿨의 간절한 감정처럼
마른 잎사귀로도 그늘을 지우는 선명한 초록 슬하에서

열여덟 먹은 소녀를 아내로 맞이한 아버지
첫날밤, 붉은 뺨으로 초록 저고리 옷고름을 풀었다는
일흔이 넘어도 말에 물기가 묻어났다
초록과 주황 사이
초록과 회색 사이
초록이 스친 자국에 내가 태어났고 동생들이 생겼고
아버지는 단단한 가장이 되어
젖고 젖으며 사라졌던 문장을 그리워했다
옷고름을 풀었던 그날 같은
그리하여 초록은 소멸되지 않는 아름다운 빛깔
나뭇잎이 심장을 닮은 이유도 그러했다

건강한 비트

내 몸에 들어 있던 혈액과 혈장량
동맥과 정맥을 적셔 연약한 모세혈관을 건드려
눈자위가 충혈되었다
입가에 염증이 난 두더지가 내 몸을 핥았다
붉은 포도주가 간신히 목젖을 적시는
달콤해야 할 저녁이 섬뜩했다
최후의 만찬에 포도주를 계약의 피로 말하는 은유여
마지막 르네상스인 하비의 정의가 없었다면
따뜻한 정령으로 가득 찬 자양분이 심장으로 와서
심계항진을 막을 수 없었을 것이다

이제는 내 피가 동물과 섞이는 것을 용서하지 않겠어
거울이 빛을 잃고 강철의 날이 둔해지는
인간의 피로 신들을 공양하는 성배 따위는 무시하겠어
심장의 시원으로 숨을 쉬고 따뜻한 너를 품어
기억의 회로를 몸에 새기는 일
나의 나이테를 하나씩 지워 환하게 깨어나서
진정 아름답게 죽을 것이므로

말하자면 테트리스

홍옥은 돈이 안 돼 모조리 베어버려야겠다는 철호 씨
한 그루는 놔둬야겠다고 맘을 접었다
농촌으로 시집오지 않겠다며 기어코 떠나간
경아 씨 생각이 나서이다
홍옥 나무 아래서 은밀한 등을 빌려주며
순진한 철호 씨를 난분분히 홀렸던 혀끝의 단내
홍옥 한입 베어 물고 그녀의 살결을 음미하는 것일까

홍옥 너 참 달다
이빨 자국이 선명한 홍옥을 불쑥 내미는 철호 씨
입속에 비파괴 당도 측정기를 꽂았는지
타들어 가는 목에 달콤한 과육이 흘러내렸다
붉은 감정의 테트리스의 합체처럼
빨강과 빨강을 묶어 수백 개의 살을 만드는 퍼즐
점점 확장되는 붉은 홍옥의 추억, 혹은 비우기

제2부

차가운 여름

서늘한 여름으로 들어갔다
눈물 젖은 무늬를 달고
마른 입술만 마구 뜯어내어
각질 수북하게 쌓아 놓았다
볼 수도 만질 수도 없는
고독한 여름이었다

슬픔을 이기는 입술은
조금밖에 남지 않았다
기도하면 되찾을 수 있을까
투명하게 벗어 놓은 허물 안고
여름으로 들어갔다

그 여름 속은
얼음 밑처럼 두렵고
동굴처럼 싸늘했다
나는 오래오래 아플 것 같다

추억의 견해

네 손을 잡고 걸었던 그 길
안개가 그림자를 만들고 있다
우리 웃음은 남아 있을까
안개 낱장으로 풀어지지는 않았을까
흘린 시간 속에 촉수를 꽂았다
네가 보낸 유령과 술을 마시며
낮이 밤 같은 꿈을 꾸었다

이제 깨어나세요
오랜 꿈을 꾸셨군요
꿈이 생각 안 나요
아니, 아니 꿈속에 당신이 찾아와
시나바 카민 크롬 인디고로
내 몸에 문신을 새기고 있다고 했다
문신은 내 생의 매듭
또 하나의 마디가 생겼다

매듭과 매듭 사이 느슨해진 틈으로
요약된 생의 단면이 얼핏 보였다
그간의 모험소설 같은 주인공과
감쪽같이 속인 노래한다는 앵무새

내 몸에 새겨진 이야기와
죽었으나 죽지 않은 당신

똑똑
부디 내 몸을 열지 말아줘요

조용한 갈채

여름이 지나간 흔적은 연극이 끝난
객석처럼 서늘합니다
주인공이 모두 떠나간 무대 뒤
막간 같은 조연들만 분주합니다

어느덧 저녁은 노을빛으로 물들고
담장을 오른 인동 덩굴은
그새 한 아름 컸군요
서쪽 하늘이 울음의
후렴처럼 글썽입니다

하나둘 조명은 꺼지고
구두 뒤축을 꺾어 신는 남자
립스틱을 지우는 여자
저 말 없음은 연극의 여운일까요
적막한 무대 위
어둠 홀로 커튼콜을 합니다

웃음꽃

정원 가득 피어 있는
백일홍의 자태가 심상찮다
모진 마음의 뒤꿈치에 짓밟히고
뭉툭한 손에 잘려나가고
더러는 모가지가 꺾여 있었다

꽃송이를 젖히니
나를 보고 환하게 웃고 있다
온몸에 꽃 피가 엉겨 붙어
원망할 듯도 하련만
목숨 줄을 놓고도
용서하는 얼굴이라니

진정 네 안에 천진이 살았구나
네가 무구였구나

돌아눕는 남자

힘겨운 숨소리로 쿨럭거리며
바람 자는 방향으로 돌아눕는 남자
무심했던 시간의 죄스러움에
흐려져 오는 시야
"날 용서하지 마"

반짝이던 총기는 어디 가고
가래톳 같은 목소리
핏발선 목선의 절창 같다
"잘 먹으라고 했지"
"몸이 그게 뭐야"

양산을 펴면 패랭이꽃 활짝 필 때
앙상한 눈매 서늘히 깊어진다
견디는 것이 사람의 일이라면
절명의 모서리에서
속 맺힌 말 한마디
이제부터 잘할게.

한 시절 때죽 꽃처럼 사랑했잖아
꽃망울이 종소리가 나도록
함께 보러 가자고 했잖아

애써 외면인 척 돌아눕는 병상에서
석회암 동굴 같은 눈으로
그렇게 쳐다보지 마
나 꽃잎처럼 하르르 질지도 몰라

척

장례식장을 다녀왔습니다
한 줄의 잠언 같았던 그의 생
술 한 잔으로 태연한 척
그렇게 울음을 묶는 사람들

장맛비는 물의 귀를 달고
가장 깊은 의성어를 꺾어 댑니다
먼저 가
먼저 가
잊고 있었던 시간이
필름처럼 지나갑니다

괜찮은 척
애써 떠나보내고
태연한 척 돌아와서
뒤척이는 나날로
삶의 굽이는 늘 팔부능선쯤

뼈를 뚫는 고통이
가슴에 박혀도

아프지 않은 척
슬프지 않은 척
지문만 닳아갑니다

웃음의 잔해

당신의 웃음이군요
흔적이라곤 웃음 자국만 남았어요
온몸을 돌아다니는 명상 같은 것
살갗에 소름이 돋거들랑
내가 다녀간 줄 아세요
부서지는 파도를 뒤로하고
포말로 부서지던 웃음이 있었죠
섬은 우리를 기억하겠죠
조약돌에 웃음이 남아 있을 거라
안다미로 주워 담았어요

참 잔인한 당신,
어디든 따라다니죠
개화되기 직전의 꽃망울 같은
천수만 하굿둑의 물결 같은
비만 내리는 영화 같은
구겨진 풀 냄새 같은 그, 웃음
세월은 속절없어요
추억 속에 갇힌 웃음이
증발하려고 발버둥 쳐요
꼭 잡아 놓아야겠어요
당신의 웃음이 이렇게 찾아와
나를 견인하도록

고장 난 냉장고

처음으로 화를 낸 그와 마주 앉았다
몇 년간 쌓였던 묵은 속내를
털어 버리기로 하였다
그의 상처를 외면한 채
마음을 열어달라고 투정을 부렸다
집착을 사랑이라고 우격다짐하면
마음 돌리리라 확신했지만
그와 화해는 면벽처럼
일종의 수행이 되었다

상처가 있는 것들은 과묵해서
무언의 행간을 읽어야 하는 법
내 상처가 나를 닫듯
그의 닫힌 상처에
가만히 손을 얹어본다
플러그를 잠시 빼둔다
그의 호흡이 편안하다

두물머리에서

비가 왔지
연잎에 스미지 못하고
강물은 설레는데
나는 스미지 못해
대책 없이 아팠지
우울한 나를
헹구고 싶어

강물은 바닥을 채우기 위해
수심을 드러내고
물결로 수화를 전하지
물의 속내에 대해
바닥이 견디는 수압에 대해

양평 두물머리에서
강물이 하는
사랑을 배우고 왔네

마네킹

생각 없이 단순해지고 싶어
숨죽이고 창가에 몸을 기댄 채
나무 사이로 보이는 하늘만 바라보다
흔적을 지우고 날아가는 새를 바라보다
갸우뚱 바라보다 하염없이 바라보다
해가 넘어가면 조용히 눈 감고 싶어

지루한 삶이 이런 것일까
눈으로 풍경을 끌어다 앉히고
텅 빈 공간에 공백을 채워 넣는 것일까
내 눈빛으로 유리창이 호흡하고 있잖아
투명한 심장을 만들어야겠어
삶이 훤히 보이게 말이야

사는 것이 헛헛하고 힘이 들면
단순해지는 것도 괜찮을 일

지워진 길

네 생각을 읽어내려다
내 생각을 들켜 얼굴이 붉어졌다
시작이 달라도 늘 같은 결론에
도달하는 속내는 노출에 패이기 마련
내가 나를 옭아맨 것처럼
구속이 자유일 때가 있다
명상을 비우고 소유를 비우고
비워진 자리 빈들로 남겨두어
온전한 무(無)가 되어보는 일

오지를 헤맨다는 내 생각에
지름길을 앞세워 혹사한 마음이
아프게 하진 않았을까
그것 때문에 허공에 무수한
길을 내지 않았을까

이제 허공에 낸 길을
하나씩 지워야겠다
길이 지워진 풍경은
얼마나 평화로울까
내가 너의 길에 순응하면서

꽃다지 꽃

고개를 빳빳이 세우고
앞만 보고 살았습니다
질주 본능만 남아 레이더망을 피해
속도를 즐겼습니다

인생은 뒤로 가지 않는다고
입버릇처럼 말하던 그 말에 충실했습니다
과욕은 보이는 것보다
가까울 수 있다고 믿었습니다

들길을 걸었습니다
꽉 조인 신발 끈을 풀고
잠시 풀밭에 앉았습니다
발밑에 샛노란 꽃등을 켜고
보조개가 깊은 그녀를 보았습니다

아! 비로소 보였습니다
잠시 멈추고 고개 숙이고 보면
바닥에도 젖은 문장이 있어
부드러운 냄새가 난다는 것을
행간 앞면에 잊혀져 가는
당신 이름을 써놓고
오래도록 기억하겠습니다

주름

오래전에
넓은 사막이 펼쳐진 곳에
맑은 오아시스가 있었지
바람이 전갈이 사막 뱀이
생의 똬리를 틀고
순례하는 오체투지였지

햇빛은 더 강렬하고
물은 말라가기 시작했어
모래로 채워진 마른 물길은
낙타의 길이 되었지
갈증으로 출렁이는
바닥의 바닥, 모랫길

눈 속의 물도 말라
시야도 건조했지
세월도 깊으면 꽃이 피는 법
나미비아 모래 언덕이 되어
사막에는 모래 꽃이
우후죽순 피고는 했지

산국의 제사

나는 알고 있지
산국 질 때쯤이면 꼭 서리 내리더라
아마도 한바탕 질펀한 향기로
여인들 콧잔등을 홀렸으니
심장부터 불이 붙어 대찬 무서리 불렀을 것이다
노란 문장들이 뿌리로부터 올라와
쇠하기 전에 향기로 스며드는 것은
누군가 내 안에 꽃불을 놓은 건 아닐까

향내 짙어질 때마다 당신의 따뜻한 말이 생각나서
당신의 뜨거운 눈빛이 생각나서
나는 그냥 새벽 무서리에 흠뻑 젖어 들고 싶다
어떤 그리움을 늘숨으로 크게 마셔
심장 가득 유황 온천수 같은
뜨거운 김을 모락모락 피우며
찰나
날숨으로 후후 꺼버리고 싶기도 한

풍경이 되고 싶네

대나무 숲 아래에서
그대에게 내 어깨를 내주고
대궁에 바람 채우듯 꿈을 꾸네
바람은 수만 개 잎을 흔들어
은방울 소리로 축복하네
초록 선명한 그늘 밑에
실핏줄처럼 돋아나는 죽순처럼
우리도 미끈하게 뻗어 봤으면

바람의 마디를 엮으며
대나무 숲을 걷는
아름다운 풍경이 되고 싶네

헌화(獻花)

초여름 매실나무 아래
수줍은 듯 고개 숙인
금낭화와 마주쳤다
틈새 햇빛을 향한 간절한
미소에 주변마저 은은하다
피어나는 것은 헌화(獻花)하는 것일까
조건 없이 주고 아까워하지 않는
누가 내 생각을 읽지 못해도 성내지 않는
금낭화처럼 환하게 웃는 것일까
비바람이 지나가고 찾아오지 않아도
아침이면 꽃을 피우는 자애로운 헌화
가슴에 착한 꽃 간직하고 사는 일처럼
편안하고 아름다운 사랑 어디 있으랴

한 권의 시집

아침부터
쓸쓸한 눈발 날리고
냉기 가득한 마음 한편
펼쳐진 시집 한 권
한 장씩 고뇌를
쓸어 담은 흔적
이렇게 아픈 운명
흩날리는 눈처럼
갈피마다 끼워두고

날마다 손이 시린
날마다 가슴 시린

건조 주의보

칼라하리 사하라 고비 아라비아
죽은 바람의 냄새는 건조하다
바람은 잘게 부서진 모래가 되어 스스로 운구된다
작년에 죽은 사람의 그림자와
길거리를 헤매다 죽은 어린 고양이의 그림자를 달고
거울 속에 비친 늙은 여인이 검은 눈물을 흘렸다

늙은 여자여, 당신은 눈물이 있으니 산다
살아지니 사는 것이 아니라 살기 위해 산다
살아 있으니 죽을 둥 살 둥 산다
힘들어도 살고 아파도 살고 풀 죽은 듯이 산다
박제된 독수리의 날염된 얼굴을 만지작거리며
곤궁한 호주머니 속 지폐를 마른침으로 발라가며
살아보려고 살기 위해서 살아낸다
사막, 모래바람의 소리를 읽어내려 살고
몰락한 오아시스 문장처럼 메말라도 산다

늙은 여자여, 한밤중 거울을 들여다보며
웃는 연습을 하는 이유가 무엇이냐

어떤 식욕

나는 식욕 앞에서 매일 굴욕스럽다
안색 자주 바꾸는 나의 밥통
빨강을 먹으면 파랑이 되고
노랑을 먹으면 초록이 된다지
이상한 구조를 가진 밥통에
투명한 내시경을 달아야겠어

기억력도 대단한 밥통이라
쓸쓸한 공복에 술을 채우고
외로운 허기에 옛 애인을 삼키고 싶은
이상한 구조의 내 안이 슬프도록 우스워
기초공사를 탓하기보다 부실공사를 의심할
결국 내가 돌보는 이상한 장기지

다분법으로 분열하는 세포들의 인중을
만능의 메스로 열어젖혀야겠어
공복의 뚜껑을 열고 식욕의 욕(慾)을 꺼내
맹물에 흔들어 씻어 버리면
허기도 한 끼
견딜만합니까
그럴 수 있다면

제3부

꽃 몸살

며칠간 너와 부벼대고 싶어
수은등 아래 네 향기 껴안고
찢어진 입술처럼 각혈하고 싶어
몸살로 전해오는 네 응답
오, 머뭇거리지 않겠네

고래를 꿈꾸며

내린천에
고래 한 마리 산다는
전설을 믿기로 했다
코스모스 가을 자세로 붉고
차창에 윤슬처럼 어룽지는
콩잎, 옥수수 늙은 대궁
성근 가을의 문장처럼
빈 들이 고래의 물길이다

후릿그물 들쳐 메고
잰걸음으로 들녘을 지나는 촌부들
마음속에 품은 작살은
세월처럼 무뎌져도
그 날 예리할까
세월의 과녁이 옮겨지듯
상념은 백담사 만해마을
내린천을 건너고
낯설수록 더 아름다운 풍경

무작정 더 가봐야겠다
길이 끝난 곳, 거기 전설처럼
고래 한 마리 숨 쉬고 있겠지

여자로 보였네

도로에서 십 리를 들어간 산허리 자락에
삼십이 안 된 재춘이 엄마는
벙어리 시아버지 곰살맞게 보살피고
아들을 미루나무처럼 키워놓더니
내리 딸 아들을 더 낳아
산골 적막함에 환한 꽃등을 달았네

만평 산비탈을 소처럼 일해 만든 과수원
농약이 눈발처럼 흩날리고 땀은 등을 타도
챙 넓은 모자 속에 하얗게 웃어주는 그녀
나는 지금껏 그녀의 무엇을 보았는지
가끔 보면서도 이토록 어여쁜 줄 몰랐네
까만 속눈썹이 저렇듯 고운 줄 몰랐네

과수원 울타리에 찔레꽃을 심어
사과꽃 진자리 허전함을 달랜다는
낭창낭창하게 속내를 보이는 그녀
저리 고운 여자가 감추고만 살았을까
문 뒤에 있었을까

그녀가 처음으로 여자로 보인 날이었네

개망초

이름표를 얻어 토종인 척
꽃이라고 말하기는 뜨악한
바람 부는 날에는 들썽하다
버덩*에 멋대로 피어났으니
착한 초심을 잃지 말아라
된바람에도 꺾이지 않고
물 흐르듯 세상을 살아라
노래하려면 조용히 흔들리고
푸른 잎맥에 고운 알을 슬어라

낮아야 꽃다운

*버덩 : 나무는 없이 잡풀만 난 거친 들.

핸드백

하루에도 몇 번씩 그의 입을 벌려
듣고 싶은 말을 시켜본다
내 사랑을 믿으세요
치명적인 것을 물으면서 이게 나라니
묻는 것도 병이라고 눈을 흘긴다

지금껏 나를 좇아 수발하며
비밀의 약속을 지켜온 그에게
그동안 얼마나 무례하였던가
내게 붙박여 내 것으로 생각하여
가혹한 수고로움을 주었던가

행여 자유를 갈망하여 놓아버리면
서로 은밀한 관계에 익숙했던 나는
캄캄한 시간을 무심히 넘길 자신이 없다
그에게 깊이 물들어 있었기에

제비

요즘 사는 게 헛헛해서
첫차를 타고 산에 올랐다
정상으로 가는 길이 아직 멀어
흐느적거리는 다리를 누이고 있는데
바람 들 듯 물 찬 그들을 만났다
쓸쓸한 궁핍을 꼬드기려고
군락으로 달려들었다

짧은 목을 가진 너희들을
나는 긴 문장으로 쓰려고
파란 혀를 만들었다
나쁜 키스를 할까
물이 든 혀를
통증의 끝물로 여기고
가뭇없이 빠져볼까
도망가자고 말할
용기가 생겼는데

한생쯤
제비가 만들어준 꽃방석에 앉아
시간을 탕진해봤으면
내 몸에 불을 질러

위험한 방화범이 되어도 좋으리
제비 몸을 닮듯 바람이 들고
수많은 봄을 다 삼키고 있는
이 가슴 벅찬 봄의 혼령 제비여

손톱

못 견디게 궁금하던 은미 젖가슴이
꽉 찬 달 닮은 것을
달빛 하얗게 부서지던 날
살풋 보게 되었다
고가시내 포도 덩굴 덮인 수돗가에
달 허물 동그마니 벗어 놓고
포도송이 자지러질 듯 등목 하던 날
까까머리 뒷집 녀석 담장을 기웃거리게 하고
달이 넘어갈 때까지 뒤척이게 했던 밤
아침이면 비밀의 문을 잠가놓고
멀쑥하게 나오는 그 녀석의 눈에는
뽀얀 반달이 파릇파릇 아롱져 있었다

죽여주는 가게

매운맛을 채근하는
한 평 남짓한 가게에서
주름이 자글자글한 여자가
떡꼬치를 구워 안다미로 담는다
탱탱하게 쫀득하게
얼얼한 맛 죽여주는 맛
그녀만의 독특한 비법으로
밀회하듯 몰입하고 있다

저 여자도 한때는
벌겋게 달아올라
죽여주는 날들 많았겠지
꿈같던 시절 못 잊어
맹렬히 익히는 것일 거야

그녀의 생이 입안에서
얼얼하게 번지는

황태 덕장

미시령 고개 밑
인적 드문 촌가
하얗게 파묻히는 눈 속에
서늘히 식어가는 내 몸
꼬챙이로 찔러
빨래처럼 널어놓았네

허공에 매달린 목숨
얼었다 녹았다 윤회하며
열반에 들길 석 달 열흘

빛깔 좋게 거듭나면
당신 계급 몇 단계
높여줄까
비리지 않고
담백한 세상으로
그대 안녕하실까?

영자 횟집

보길도 영자 횟집에서
회 한 접시 시켰더니
붉은 동백꽃이
꽃 멀미처럼 아릿하다
참 많이 돌아다닌 날들
뻐드렁니로 깨문 속정

아득. 아득 혼절하겠네
모진 말 듣더라도
품어 보고 싶네
너와 순한 하룻밤
잊고 지낸 설렘 깨워
네 붉은 봄 탐해
보길도 시간 거슬러 봤으면

빈 배 뱃길을 지우듯
수평선에 묶인 달빛이 가라앉네

루드베키아

도산면 온혜리 명 다방 숙희는
깍짓동*에 달처럼 큰 젖가슴에
99치수도 옛말인 듯
좁은 계단을 하루에도
수십 번 오르내리며
커피 팔고 웃음 팔아
팬티도 사고
돈가스도 사 먹는다네

그해 농가에 수박 풍년 들어
넝쿨째 굴러 들어온 돈다발에
이장님도 영농회장도
아래윗집 아저씨도
바람 풍년 들어
그녀 오지랖이
손때 묻어 반질반질했네

과유불급이라 했나
커피 배달 가슴 허용 잠시 중단
산돌림 하던 비 그치던 날
파근한 몸 민얼굴로 변장하고
신작로를 꺼억꺼억 울며 떠났네

애지중지 키우던 루드베키아에
넘치도록 물을 주고서

* 깍짓동 : 우락부락하고 뚱뚱한 사람을 이른다.

감꽃

밤새 별들이
무슨 장난을 쳤는지
우리 집 뒤안이
노랗게 자지러졌습니다

노란 발자국 범벅이 된 뒤뜰,
바람의 결대로 찢어진 입꼬리
다물지 못하는 별을
무청처럼 서까래에 엮어 널었습니다

바람이 푸른 건 무청을 닮아서
감나무 가지마다
바람의 문신을 한 꽃이 핍니다
그 꽃, 종내에는 종이 될 운명

바람이 불 때마다
워낭 소리 뚝뚝 떨어집니다

파김치

숙련된 경험으로 미끈한 그 여자의
옷을 재빠르게 벗겼다
그녀만의 체취가 코끝을 자극하고
드러난 허연 허벅지를 보니
요 며칠 시들했던 세포를
깨우기에 충분했다

샤워를 시켜 눕혀놓고
악 소리 나게 죽여 줄 전희를
생각하니 침이 꼴깍 넘어갔다
붉은 이부자리 펴고
부드럽게 안아 입술 나누고
한잠 자고 나면
잘 익은 꽃이 되어 있을까

꽃잠 자는 그녀를 흔들어
죽어 있던 감각 살려
꽃 나비가 되어볼까
맹렬한 그녀가
멀미나게 눈부신

봄바람

김성호 부친 별세
빈소 안동장례식장
문자메시지를 여는 순간
우연인 듯
회오리바람 살짝 휘돌았지

상가 건물 몇 채
손안에 넣더니
작은 부인 얻어
새집 마련한 성호 아부지
어느 때부턴가 그 집 앞은
바람의 발원지가 되었지

달이 기울었다가
차기를 몇 해
성호는 참한 색시 얻어
입방아를 잠재웠는데
작정한 작은 부인
몽땅 털어 줄행랑
비싼 오입 대가로
술병 얻었다지

오늘 기상뉴스
한반도 전역 산발적 비에
강한 바람 꽃샘추위 시작
생의 무게를 벗은
성호 아부지
이승에 부는 봄바람
단칼에 잘랐을까

풍산 신양리

소리 내어 펑펑 울고 싶을 때
풍산 신양리를 찾아간다
원 뜰 지나 나지막한 산허리를 돌면
투명한 울음들이 갇혀 있는 곳
젖 냄새 묻은 배냇저고리의
포근한 울음들
혀를 처음 움직여 등뼈를 키운
유년기의 뿌리들
비로소 본산(本山)에 이르는 발산이다

몸속에 가시를 키우며
삶에 흔들렸던 날들
던반내들 코 묻은 자락에
묻어놓고 돌아서면
나는 산의 감정이 되어
덧난 상처에 붕대를
감아줄 수 있다
한 아름의 그늘을 만들어
안아줄 수 있다

한 몇 달
허기진 울음 모아놓고
풍성한 식탁을 차릴 수 있겠다

비비다

완도 앞바다
몽실네 집에 앉아
전복 비빔밥을 비볐다
남도 푸성귀가
파도 한 그릇과 어우러져
쫄깃한 육질에
해풍 한 장 쌈 싸 먹는 이 맛!
수음하다 들킨 듯
귓불이 붉어진다

비빈다는 것은 한데
어우러지는 것
난 잘 비비지 못하여
문득문득 곁에 빗장을 지르곤 했다
적당히 버무리고 비벼져서
힘겨운 무게를 벗어 버렸다면
생을 얻는 기쁨이 넉넉했을 것을
꽃 천지에 서 있을 것을

유통기한

수선화가 두 번 피고 지고
백목련 환하게 꽃등을 달았어요
숨을 고르고 천천히 가야
오래 지켜준다고 하더니
아직도 시간을 믿어야 하나요

내리쬐는 빛이 너무 강렬해요
그대 말이 분신처럼
새겨져 있는 줄 알았는데
자꾸 증발하려고 해요
지각없이 소멸하려고 해요

힘들고 외로울 때
꺼내 쓰려고 실한 것만 골라
감춰 두었으니
이제 제발 와주세요
부디 기한 넘기지 않게

꼬막

대한보다 더 추운 소한에
벌교 그 집 촉촉한 그녀가 떠올라
썰물 하굿둑 긴 그림자를 밟았다
말갛게 씻고 나온 그녀들

작은고모 생각이 났다
눈이 맑고 얼굴이 뽀얘서
동네 청년 여럿 울리겠다는
입방아에도 정숙했던 그녀
신부가 되던 날
안긴 젖무덤 언저리에
오늘 같은 비릿한 냄새가 났다

우짜노! 이 예쁜 것이
서울까지 가버리면 수틀에 놓던 잉어
헤엄 한 번 못 치겠데이
울먹이는 할머니 말씀에 수틀을 튕기니
오늘 먹은 그녀처럼 쫄깃하였다

간절하게

야무지게 속살 오른 조기를 보니
외숙모 생각이 난다
삼남 칠녀 어린 조카들까지 들락거려
닫혀 있을 날 없던 대문간
강제로 맡겨진 나는
엄마가 그리워 찔통을 부릴 때
눈매 고운 외숙모가 시집을 왔다

권리금 주고 인수받은 양 부엌을 익숙하게
바라지 옆에서 바다 냄새를 풍겼다
입맛을 다시는 내 입 꼬리를 내려주면서
이것이 조기라는 거야 맛있지 하며
달큰하게 안이주었다

연둣빛 저고리 포동한 젖무덤에
얼굴을 묻고 그리움을 삭혔는데
수줍은 새색시에서 한 살림 차지게 일으킨
외숙모께 조기 정식 한상 차려주고 싶다
바다가 멀어질수록 간절하게

별을 닮은 딸

하늘의 별을 따고 싶겠지
수많은 별이 네 가슴에 담겼겠지
하지만 아름다운 눈으로
바라봐야 한단다
세상은 그렇게 네게 온다는 것을

애야, 꽃바람 속에서 바라보는 별과
갈대 바람 속에서 바라보는 별의 문장도
다르다는 것을 알아야 한단다
먹구름 속에 갇혀 있다가 나온
별의 향기를 맡을 줄 알아야
세상은 환하고 둥글게 문을 연단다

제4부

꽃 문신

딸아이는 세상에 없는 무늬를 가지고 있다
찬란하고 슬펐다
우울한 비밀을 집안 살림도구에 털어놓았다
그들은 한꺼번에 눈물을 쏟았고
비밀이 아닌 날이 되었다
나는 세상에 없는 말로
눈부신 아픔을 대신하고 싶었다

비운을 개척한 영롱한 눈물이
몸에 무늬를 만들었다
애처롭도록 그윽했다
나는 매일 아이의 들숨으로 들어가
통증을 어루만졌다
꽃의 무게가 느껴졌다

메스가 지나간 길을 따라 꽃수를 놓을까
상처의 자국을 한 뜸 한 뜸 꽃의 환유로
뼈보다 단단한 마디를 새기듯
간절하게, 진정 간절하게
맨살에 피는 꽃 그늘

입술, 그 수심에 대해

내가 알고 있는 그는
입술을 가지고 싶어
배 속에 커다란 입술 주머니를
키우고 있다
입술이 자라면 슬퍼하는 사람들을
친구라 부른다
머리를 쓰다듬고 시선을 붙들어
사람처럼 울어준다
입술은 울음의 최초, 입술 안에서는 우물
밖에서는 눈물이 된다

내가 알고 있는 그는
울음을 달고 있는 사람들에게
물방울이 되어준다
당신은 풍당
당신은 왈칵
당신은 첨벙
소리는 그리움의 깊이
입술이 있다는 건
수압을 견디는 일이다

내가 알고 있는 그는
늘 누군가의 일부이고자 했다
나는 그의 일부이고 싶었으나
그 일부가 누군가의 전부가 될 수도 있는 일
입술에 주름이 있다는 것은
삶에 밑줄을 그을 일이 많기 때문이다

오래된 봄

가는 봄을 이제야 봤어요
죽은 사람이 말해서요
봄이 어떻게 왔는지
기억조차 없어요
몇 번씩 혼미했고 아무도 오지 않는
뜰에서 나 혼자 고요했거든요
소름 돋는 그런 날이 있었나 봐요

쏟아지는 눈물로 옷을 지어
가지마다 걸어 놓았어요
이승과 저승 사이에
길을 만든 당신
푸른 뱀들이 옷가지에 달라붙어
넓은 혓바닥으로 날름거렸고
당신은 한쪽 귀로 들어가
고막을 흔들며 나오지 않았어요

달빛이 물비늘에 달라붙어
일렁이는 것을 보고
잠이 들었다가 깼어요
예전에 당신이 쏟은 꿈을 꿨다고 하니
다른 쪽 귀로 흘러나와 신기해 했어요

베개에 묻은 얼룩을 닦아주며
여생의 봄을 꿈에서 다 보냈으니
여름이 올 거라고 했어요

정말 당신 무덤가에 새 계절이
앉아 있군요

멍

여름에 파종하여
철이 지난 상추를 뜯어왔다
입동이 지나 푸른 것은
모조리 물기가 말라 누레졌는데
봉지를 열어본 상추는 싱싱함 그 자체였다
기를 꺾어 보라는 듯 고개를 빳빳이 세우고 있다
그 주제에 이렇게 당당할 수 있다니

요즘 풀이 죽어 있는 나를 돌아보게 되었다
나이 듦을 어렵게 생각하여
여럿이 모이는 곳이면 뒷자리부터 찾게 되고
그마저도 없으면 후덕한 사람 옆에 앉아
너스레를 떨어가며 재고 있다

지난날 나를 거쳐 간 강했던 푸름
숨이 가쁘도록 짙은 푸름은
이제 오지 않을 것이다
상추를 보며 찬찬히 읽어 봐야겠다
푸른 저들의 생을

권태기

적도를 중심으로
남위와 북위 5~6도 사이
열대우림 숲에 들었네
숨 막히는 열기 속에
비 오는 날 빼고 나니
늘 흐림 뒤 설핏 맑음

강물이 울컥하였지만
바싹 마른 강바닥 냄새가 나고
뿌리 없는 나무 아래
초록 뱀이 똬리를 틀고 앉아
눈먼 게 그늘처럼
제 독을 뱉어 목을 축이네

장독대에 핀 무명초처럼
의태어로 불리고 싶었네
소태처럼 쓴 침묵
무취의 향이
피어오르고 있네
우기(雨期)에 뿌린 쌍무지개
이 시린 발아(發芽),
붉은 각도(赤度)는 잠복기네

벚꽃은 피는데

홍도야 울지 마라
구성지게 뽑으며
대문간 들어서는 아버지
벚나무 닮았다
나무를 안고 오는지
나무에 안겨 오는지
머리 얼굴 어깨에
꽃눈이 앉아
시든 육신이 환하다
온화한 꽃을 보니
눈물이 왈칵 솟는다

평생 억센 팔다리 하나로
땅마지기에 꽃을 피운
저 빛나는 생
바람 잘 날 없는 가지들
흔들리지 않게 붙잡아준
눈부신 전희(全犧)
당신 앞에 두 손 모아
꽃 절을 올려야겠다

나도 단단한 꽃이 되어
뭉그러지지 않게 살아보리라
벚꽃은 피는데
마당 한가득

내 마음의 외딴집

도산면 널매 골짜기에 외딴집 한 채
한 사람이 다니는 길마저 풀이 무성하고
직박구리 소리만이 고요를 깨우네
웃음소리 가득했을 앞마당은 지워졌건만
밤이 오면 산벚나무 가지 사이로 불이 켜지고
문밖 돌배나무 꼬마 등을 달았네

굴피 지붕 위에 개망초 꽃 세 들어 달빛에 부서지고
뒤꼍에 심어놓은 머위 순 속절없이 살이 찌네
나는 밤이 이슥토록 외딴집에 들어
몸에 밴 더덕 냄새를 사랑하는 사람과
백화 차를 마시고 조촐한 육신을 잠재우려 하네
골짜기 깊이 들어앉은 내 마음의 외딴집

엄마의 봄날

손톱 밑에 박힌 가시를
고양이가 핥았다
매화가 한꺼번에 토했다
치명적인 냄새가 났다
고양이가 날았다
나도 엄마 곁을 떠났다
소리 내지 않고 당신은 울었다
산수유가 기절하듯 역류를 했다
온몸 빽빽이 열꽃이 피었다
슬픔이 제자리로 돌아가나 보다

먼저 간 동생은 엄마를 녹슬게 했다
담장 안 산수유가 엄마처럼 울었나
노란 울음이 뚝뚝 떨어졌다
염증은 봄만 되면 덧났다
빨간약을 가슴에 바르고 싶어 하는 엄마
길이 당신을 놓치곤 했다
다시 처음이 되는 엄마의 봄날

보길도

옛날부터
동백으로 자랐던 섬

바람과 파도가
동백을 키우는 동안
적자봉 광대봉 망월봉은
꽃향기를 피웠지
단물이 흘러 섬은
붉게 피어나고
고산의 혼이 바다 밑
동백 뿌리 되어
섬을 받들고 있지

그 자리에 내가 섰지
내 몸에 깃든 바람이
동백을 품어 활활 태웠지
그곳에 내가 없어도
동그마니 잘도 있을 섬
동백은 또 붉게 피어나겠지

안부

서해를 떠도는 딸을 애틋하게
아가야를 서두로 실타래 풀어내듯
간절한 마음 눈물로 이만 줄인다

꿈속까지 따라온 어머니는
추신의 말을 덧붙이고
심장 언저리를 건드려
잠을 바짝 말렸다

그동안 안부 적은 날들
따끔따끔 찔려 써 내려간
눈물의 답장
꽃을 얻은 죄로 또다시 그리움을
감당하는 어머니

꽃잎 위에 사연 적으며
백 마디 말을 침 삼켜 넘긴다

노을

백일홍이 제 몸을 흔들어
간지럼을 태운다
마른 입술을 단 고추는
검붉은 태양의 젖을 먹으며
갈증을 달랜다
새댁처럼 반달 눈을 뜬 엄마는
아기 안아 내리듯 참깨를 털며
혼잣말을 한다
품 안에서 쭐쭐 빨고 키웠더니
너거들은 내 젖 안 먹고 컸다냐
막대기로 사정없이 깨 대궁을 후려친다
손목 관절이 파도 소리를 낸다
하기사 야들도 다 큰 지 자슥들 털어버리네
세상 이치 아니껴 보고 싶지만 참니더
빙빙 도는 잠자리에게 말을 건네며
낸도 니처럼 날아 자슥테 가보고 싶다야

섬세하게 위태한 다리로 훨훨 날 것처럼
가냘픈 날개를 펴보는 노을 같은 울 엄마
노을을 등지고서

투명한 향기

해동 용궁사 꽃살문에
봄이 앉았네요
며칠 앞둔 소한이 주뼛거려요
꽃살문 속의 유채색이
화끈하게 요염해요
문고리 당기면 꽃이 화들짝 열려요
나비 없는 꽃에 시선을 빼앗겼어요

혼을 담아 조각한 꽃
오랜 사람이 생각나요
눈물이 핑 돌아요
때로는 서늘하고 축축했을 텐데
적막한 이곳에 꽃을 피웠을까요
자애로운 손으로 쓰다듬었을까요

어디선가 나비 날아들어요
기다려요. 잠시 기다려줘요
시간을 버려서도 봄을 건너갈게요

부분일식

먼지 묻은 물컵에
검은 달이 잠겼어요
눈곱 낀 거미가 달려들어요
잠시,
거미줄에 구름이 걸렸네요
거미는 구름을 삼키고
달 속으로 들어갔어요

검은 달이 점점 커져요
거미의 배를 찢고 피어난 것들은
달 뒤로 숨어들고
영혼에 살을 입혀
숨을 불어 넣어요
목 뒤 입김을 만졌어요
따뜻해요
충만해요

검은 달이 흘리는 빛 속에
감금되고 싶어요
내 눈과 귀가 멀어
아름답지 않아도
슬퍼하지 않겠어요

은밀하게
애틋하게
탐할 수 있으니까요

봄날, 덧나서

남쪽에는 벌써 매화가 피었대

묽은 촛농 흘러내리는 소리
곳곳에 풍기는 불꽃 냄새,
냄새는 옮아가는 전염병인가

개화는 돌림병이 되어
네 몸에 깃든 붉은 반점이
내 귀까지 뜨겁게 데워
우리는 고혹하게
어긋나 있는 꽃잎들
오오, 다정하여라

방금 마주한 홍매 몽우리에서
네 귓불을 읽고 나니
나도 타고 너도 타고
주위가 붉게 타고 있었다
삐져나온 소매 사이에
슬쩍 집어넣기에
이미 늦었다. 덧나서,

붉은 문장

그대는
내게 간절하다고 말했죠
스며든 꽃물처럼
그 간절하다는 말
느닷없이 타올라 피어나는데
혀끝에서 잠시 지워졌던
뼈저리게 아픈 그 이름
쓸쓸한 문장이 되어
미열처럼 옮아가요

그대 없이 잘 견뎠느냐고요
늘 끔찍한 문장으로 아팠어요
천지를 휘감을 듯
가뭇없이 사라질 듯
붉어지는 문장의 접미사로도
매화나무 가지에
밑줄 하나 긋는
아직은 내세
사무치는 봄날입니다

명자꽃

당신 이름이 명자
이십 대에 만난 애인이 말했어요
이름이 촌스럽다며 웃는데
온몸이 붉은 당신을 보았어요. 꿈처럼,
붉은 젖을 먹고 자랐나 봐요
혼절하도록 아찔했어요
명자, 명자 씨

내 나이 쉰
앉은 자리가 하얗게 젖어요
축축하게 스며들어요
명자 씨는 나이도 잊은 채
황홀한 색깔을 만들었군요
슬픈 바람 빼낸 허파에 외설 가득 채우고
한 계절 자지러들 듯 당신 닮고 싶어요
세상에 없는 붉은 말로
물들고 싶어요

제발
봄 뒤 명자 봄
명자라는
계절이었으면 좋겠어요

느낌

나는 여자입니다
내가 낳은 아이도 여자입니다
나는 하하하 웃는데
딸은 호호호 웃습니다
나는 뚜벅뚜벅 걷는데
딸은 또각또각 걷습니다
나는 우걱우걱 먹는데
딸은 깨작깨작 먹습니다

나는 잘생긴 남자를 보면
사윗감으로 저울질하는데
딸은 연애를 하고 싶어 합니다
나는 노을을 보면 눈물이 나는데
딸은 노을 같은 뺨을 하고
환하게 날고 싶어 합니다
그래도 나는 여자입니다
느낌 다른

민들레꽃

핏기 가신 그녀 얼굴보다
샛노란 카디건이 먼저 눈에 들어왔다
무슨 일이 있었던 걸까
눈물 먼저 주렁주렁 달고
파김치처럼 안겼다

부부의 인연을 맺어
아이가 스무 살이 되도록
만신창이가 된 그녀
드디어 끝장을 냈다고 한다
원칙을 허물었다고 한다

오랫동안 어떻게 견뎠을까
진작 귀띔을 했으면
이리 암팡지지 않았을 것을
백번도 더 까무러쳐 상처 입었을
그녀의 손을 꽉 잡아 주었다

이제 괜찮아 다 잘 될 거야
네가 입은 카디건 잘 어울려
우리 똑같이 입고
꽃 보러 가지 않을래

그녀의 미간이 꽃길이 되어
환해졌다

부츠를 신은 딸

딸이 환하게 웃으며
달려와 팔짱을 낀다
또각또각, 명쾌한 소리
못 보던 부츠를 신고
큰 나무와 키 재기를 할 듯
당당한 걸음으로

삶의 무게에 눌려
풍선 속에 갇혔던 푸른 하늘
중력의 반대편으로 가지를 뻗는
나무처럼 꼿꼿한 자세로
가로수의 일부가 된다

하 얼마 만인가
팔짱을 끼고 걸었던 날이
웃자란 묘목처럼 서투른 보폭으로
세상을 향해, 한 발 한 발
숙녀로 돌아가 거침없이
걷는 걸음

가슴이 찡하도록 뭉클한 그 무엇

냉이 꽃

돌담 밑에 귀를 쫑긋 세우고
지나가는 발자국 소리 귀에 담다 보면
귓밥 닮아 허기진 꽃
귀밑머리가 이파리인 온몸이
그대 기척에 담뿍 젖는다
젖어서 젖을 날 없는 마른 향기로
무릎으로 걷다 보면
키를 맞춰 주저앉은 당신
피멍 든 무릎, 혼절하겠네

● 해설

은유시인(隱喩詩人) 황영애론(論)

— 시집 『내가 낯설다』 평설

石蘭史 이 수 화

(한국문인협회 원임부이사장 · 국제펜클럽 고문 · 한국문학비평가협회 명예회장)

 황영애 시인의 시(詩)는 은유시(隱喩詩)다. 사물의 진상을 비유 또는 설명하는 데에, 본뜻은 숨기고 겉으로는 다만 비유하는 형상만 내놓는 시다. 미꾸라지 용 되었다는 식의 메타포어(Metaphor) 시가 은유시다. 이와 같은 수사법(修辭法, Rhetoric)은 러시아 형식주의 시(낯설게하기, 현양(顯樣))나 파운드의 관념형상방법으로 시를 현상화하는 데 매우 적절한 방법이다. 황영애 시집 『내가 낯설다』 메타텍스트 '내가 낯설다'란 언표는 러시아 형식주의 시가 표방하는 사물의 낯설게하기, 즉 현양(顯樣)하기(Foregrounding)이다. 현양(顯樣)은 자동화(自動化, Automatization)와 대립되는 개념으로, 그걸 비자동화시킨다. 가령, 'Good Morning!'은 우리말로 하면 '안녕하십니까!'인데, 영어 그대로 '좋은 아침!'이라고 자동화된 '안녕하십니까!'를 버리면 앞의 영어 번역어 '좋은 아침!'이라는 현양(顯樣, Foregrounding)은 이루어지지 않는다. 좀 더 수다를 떨자면, 'Good Morning!'을 이미 자동화된 '안녕하십니까' 대신 '좋은 아침!'이라고 영어 그대로 말하면 그게 '현양'이라는 것이다. 이렇게 이미 친숙해진(자동화된) 말을 낯설게 현양된 말로 비자동화해버리면 그게 바로 무카르조프스키(Jan Mukařovský)의 러시아 형식주의를 발전시킨 구조주의 프라그 학파의 '낯설게하기 현양주의'다. 언어의 기법 자체가 우리의 주목을 끌고 비일상적인 것으로 인식되게 할 때 일어나는데, 수사학 중에서도 메타포어(Metaphor, 修辭法)는 저 현영주의가 은유시인 황영애 포에티즘(Poetism)에서 실현되는 실상을 통해 살펴보겠다. 황영애 시집 『내가 낯설다』는 메타텍스트와의 관련 사실이 확연해진 것이다.

산을 오르는 일은
능선이 되는 일
오늘은 내가 낯설다
산세를 닮은 비탈
바람과 역방향으로
턱까지 닿는 맥박,
너덜 길 등고선이 아득하다

나는 언제부터 비탈을
오르는 것에 몸을 사렸나
산다는 것도 결국
마음 비탈을 세우는 일
세상의 모든 산도

비탈로 이루어져 있지 않은가
　　봉우리를 향해 오르는 일은 결국,
　　비탈에 등을 기대는 일

　　생의 밑변과 빗변을 잇는 건
　　비탈 같은 받침 하나
　　바늘귀처럼 가는 구멍으로
　　바람길 하나 내고 들여다보면
　　누군가 나를 빤히 내다본다

　　　　　　―「마음의 비탈」 일부

　예시(例詩) 「마음의 비탈」은 시적 주체(시인 황영애)가 마음의 지향점(산정)을 도달하기 위해 겪어내는 그 도정의 고투가 약여하다. 그런데 후말 연 "누군가 나를 빤히 내다본다"는 그 누군가의 정체는 누구인가?! 시의 앞, 산을 오르는 모티프는 시지포스(까뮈)가 되고 있는 시인(황영애)이며, 시인의 메타포어 포에티즘으로 보면 저 후말 행의 '누군가'는 결국 시인 자신일 터이다. 그의 자의식은 자신이 비탈(生의 아득한 등고선)을 시지포스처럼, 그리스도(골고다의 비탈길)처럼 오르고 있으며 그 고행의 끝이 어디인가를 잘 알고 있다는 어조다. 시지포스처럼 반복될 삶의 바윗돌 굴려 올리기― 비탈 그 산정에 바윗돌을 묵묵히 굴려 올리는, 골고다의 언덕에서 마침내 당하는 처형이 시인(황영애)에게는 하나의 삶의 메타포어다. 바늘귀처럼 가는 구멍으로 나를 빤히 내다보는 그는 누군가? 시지포스며 그리스도임을 시인(황영애)은 고백하고 있는 것이다. 시지포스와 그리스도의 비탈을 오르는 고행은 지금 현재진행형이다. 시인(황영애)은 그의 진정성의 고행담을 이 시대 함께 걷는 동고행(同苦行)의 인간들에게 그의 현양주의 포에티즘을 통해 매우 낯설게 토로해 보이는 것이다. 시인 스스로도 낯설게 느껴질 만큼 예시는 그 포에티즘 현양주의가 은유법 수사학으로 한 치의 허방도 불허하는 치밀한 조사로 이루어졌다. 등산을 해도 이렇게 낯선 내가(시인이) 있었구나 하고 발견하는 현양주의 등산일 때, 그건 일상이 새로워지는 미학적 삶임을 발견한 시인의 발성— "내가 낯설다"에 우리도 마침내 동감하는 것이다.

  머리 허연 부부가
  막걸릿잔을 앞에 놓고
  눈빛을 쓰다듬는다
  바라보는 시선들도
  연한 꽃빛이다

  반백을 함께 산 익숙함이
  저리 깊은 눈매를
  만들었을까
  밀회하듯 닮은 주름이
  질곡의 문장 같다

  고적한 순례를 끝낸 것처럼
  입술에 담긴 말이 꽃으로 피어나
  배경마저 환하다

오랜 부부가 만드는 이 저녁
수묵화 한 폭 고즈넉하다

—「파꽃」 전문

예시(例詩)의 메타텍스트 「파꽃」은 사람 특히 부부의 검은 머리가 하얀 파뿌리같이 오래 백년해로한다는 금슬 좋은 노부부를 가리켜 말할 때 매우 적절한 은유(隱喩)다. 예시에서는 특히 그렇다. 첫 스탠자의 의미론적 해석이 그렇고 그런 의미의 깊은 눈매와 밀회하듯 닮은 주름이 질곡의 문장(紋章) 같다는(제2 스탠자) 게 이 시의 현양(顯樣, 낯설게하기)이다. 제3 스탠자 "고적한 순례를 끝낸 것처럼/ 입술에 담긴 말이 꽃으로 피어나/ 배경마저 환하다"는 '낯설게하기 문학'의 실천이 아름다운 미학에 이른 대목이다. 특히 후말 스탠자가 조성하는 텍스트 전체의 총체적 고졸미(古拙美)는 췌언을 불허하는 황영애 포에티즘(Poetism)의 독보적 표현(Render)이다. 다음에 병치해 보이는 황영애 은유시의 현양은 자동화의 배경 없이는 불가능한 변별성을 지니는 텍스트 군(群)의 예시이다. 행두 넘버는 평설용이다.

①
봄이 와도 담장 안 목련은 꽃이 피지 않았다
베어버려야겠다는 말을 들은 모양이다
엄마는 우리가 놀라게 한 것이라고 했다
귀띔으로 흘린 말도 감정이 있는 법
어둠이 귀를 쫑긋 세우고 있었다

엄마는 가슴에 막내딸을 묻고 사신다
그렇게 많은 눈물이 어머니 몸에
들어 있다는 것을 처음 알았다
수맥처럼 엄마에게선 늘 물소리가 났다
그늘이 커가는 소리는 봇물 소리 같다
엄마는 평생 봇도랑을 몸 안에 키웠다

"이 집에 너무 오래 살았구나"
말끝을 흐렸지만 또렷한 봇물 소리
마른침이 목젖에 걸렸다
꽃을 버린 목련이 머잖아 제 흔적마저 갈무리하면
바람이 불 때마다 허공에 꽃그늘이 생긴다고 했다

엄마의 울음에 꽃그늘이 더 짙게 생겼다

―「꽃그늘」 전문

②
못 견디게 궁금하던 은미 젖가슴이
꽉 찬 달 닮은 것을
달빛 하얗게 부서지던 날
살풋 보게 되었다
고가시내 포도 덩굴 덮인 수돗가에
달 허물 동그마니 벗어 놓고
포도송이 자지러질 듯 등목 하던 날
까까머리 뒷집 녀석 담장을 기웃거리게 하고
달이 넘어갈 때까지 뒤척이게 했던 밤
아침이면 비밀의 문을 잠가놓고

멀쑥하게 나오는 그 녀석의 눈에는
뽀얀 반달이 파릇파릇 아롱져 있었다

—「손톱」전문

③
내리 딸을 일곱 낳은 외할머니
깊은 한숨을 쉬셨다지
앞집 머슴애가 놀러라도 오는 날이면
요 감자 같은 놈 어찌 이리 예쁠꼬
슬쩍 불알을 쓰다듬고는
눈을 딴 씨감자 바구니를 들고
빈 밭으로 나가시곤 하셨다지

몇 해를 감자 심어 번 돈으로
혼기 덜 찬 딸들 하나둘씩
혼수 장만하여 떠나보내고는
감자 꽃을 모조리 꺾어
외할아버지 방에 꽂아두었다지
그 여름 같은 봄을 본 외할아버지
내리 감자 같은 아들 삼 형제를 낳고
해마다 빈 밭에 씨감자를 정성껏 파종했다지

씨눈을 따다가 문득,
생에 반을 만삭인 채로 씨알 굵은 감자를 키워낸
외할머니의 억척에 눈물이 난다
연보랏빛 감자꽃에 흔들리지 않으시고

—「씨감자」전문

예시군(例詩郡) ①은 「꽃그늘」, ②는 「손톱」, ③은 「씨감자」이다. 세 작품 모두 자동화가 실현된다. ①의 「꽃그늘」에서 봄이 와도 담장 안 목련꽃은 되지 않았다는 자동화는 사실 자동화일 수도 있다. 그래서 이 현상은 현양이 아니고 은유일 테이다. 베어버려야겠다는 말을 듣고 '어둠'(엄마의 막내딸을 여읜 비극적 환경)이 귀를 쫑긋하듯 자의식에 반영된 것이다. 그러므로 엄마의 막내딸은 의식하는 몸속에선 물소리(눈물의 은유), 그늘이 커가는 봇물 소리— 그리하여 생기는 어머니의 울음에 생기는 '꽃그늘'은 우리에게 포그라운딩[顯樣]되고 있는 것이다. 어머니의 '꽃그늘'은 일견 아름다울 수도 있다. 자동화일 땐 그렇다. 그런데 시적 주체의 현양되고 있는 어머니 꽃그늘은 낯설게 한 꽃그늘이며 자동화된 꽃그늘처럼 어둠(막내딸과의 사별(死別))이 깃들어 있는 것은 아니다.

여기에는 어머니가 막내딸을 여읜[死別] 트라우마가 있음을 살펴보고 간다.

> 마당 다섯 평 꽃밭 스무 평을 가꾸는 엄마
> 할미꽃 제비꽃 으아리 매 발톱
> 지상의 꽃들이 철마다 등불을 켰다
> 꽃 심으면 먹을 것이 나오나
> 탓을 하는 아버지를 달래
> 뒤뜰 채마밭에서 한나절을 보내지만
> 눈빛은 온통 꽃밭이었던 엄마
>
> 장미 넝쿨이 옆집 담장을 넘어
> 저놈의 넝쿨 베어버려야지

> 아버지의 모진 말에
> 저것들도 귀가 있다며
> 맨살로 가시 줄기를 갈무리하는
> 엄마의 꽃은 생채기 사이에 피어났다
>
> ―「사라진 꽃자리에 대한 갈망」 일부

 이 시의 엄마가 꽃을 친애하는 시적 정조(情操)는 자동화된 것이다. 오히려 "꽃 심으면 먹을 것이 나오냐" 불만을 토로하는 아버지가 낯설다. 이렇게 현양은 고정불변한 것이 아니라 시대나 상황에 따라 항상 달라질 수 있다. 어느 시대의 현양이 다른 시대에 자동화되고 어느 시대에 자동화된 표현은 다른 시대에 현양될 수 있다. 또 같은 작가의 작품이라 하더라도 현양은 문맥에 따라 달라진다. 「사라진 꽃자리에 대한 갈망」처럼 작품이 해석되기 전에는 현양이 드러나지 않는다. 어머니의 막내딸에 대한 현양은 오히려 현양되었을 때(작품상 낯설어졌을 때) 드러나 독자가 어머니의 사별한 막내딸에 대한 애모의 정을 짙게 하는 것이다. 여기 인서트로 가져왔던 시「사라진 꽃자리에 대한 갈망」은 어머니의 현양이 아니고 아버지의 포그라운딩이고, 어머니에겐 막내딸을 사별한 트라우마에 다름 아니다.
 따라서 예시군의「꽃그늘」은 엄마가 평생 봇도랑을 몸 안에 키워온 막내딸과 사별한 일의 현양주의 시가 분명하다. 황영애의 엄마와 막내딸의 사별에 대한 현양화 기법은 저렇게「꽃그늘」처럼 은유화가 아름다운 미학을 거둘 때 칙칙한 어둠의 기억으로 남지 않고 시적 미학의 여운에 휩싸여 있게 된다.

예시군 ②「손톱」도 자동화된 텍스트 읽기가 가능하다. 그러나 그렇게 읽기엔 메타텍스트「손톱」이 대뜸 목에 걸리는 물고기 가시 같아 저 '손톱'이 대체 무엇인가부터 캐보자. "아침이면 비밀의 문을 잠가놓고/ 멀쑥하게 나오는 그 녀석의 눈에는/ 뽀얀 반달이 파릇파릇 아롱져 있었다"(텍스트 후말 3행)는 표현(Render)에는 현양(낯선 표현)이 있다. 멀쑥하게 나오는 그 녀석의 눈에 파릇파릇 아롱져 있는 '뽀얀 반달'이 그것이다. 황영애는 은유시인이니까 '뽀얀 반달'은 손톱(메타텍스트)에나 있는 초승달, 또는 반달형 무늬의 유의(喩義)다. 그러니까 은미 젖가슴이 달을 닮은 것을 살풋 보게 된 까까머리 녀석이 뽀얀 손톱에 달이 넘어갈 때까지 뒤척이게 한 은유였다. 은미의 젖가슴이 달을 닮았기 때문이다. 이 얼마나 낯설어지는 반응인가. 아침이면 비밀의 문을 잠가놓고 "멀쑥하게 나오는 그 녀석의 눈에는/ 뽀얀 반달이 파릇파릇 아롱져 있었다"는 것은 관찰자(은미 어머니)에게 그 녀석의 얼굴은 멀쑥하게(창백하게) 보였고 그 녀석 눈에는 뽀얀 반달 흐릿한 반달이 그때(아침)까지도 파릇파릇 생기가 돌고 있었다는 현양 상태인 것이다. 이렇게 현양(낯설게)된 녀석의 은미 젖가슴의 꽉 찬 달 닮은 것을 살풋 보게 된 것은 몇 개의 대립과 비유가 중첩되면서 현양되었다. 은유시(詩)가 되고 있는 것이다. 이웃에 사는 소년소녀의 이 세상 최초로 포그라운딩(현양)을 경험하는 매우 아름다운 시적(詩的) 체험인 것이다. 황영애 시인의 아름다운 현양 발견의 일이기도 할 터이다.

다음 예시군 ③「씨감자」는 스탠자와 스탠자, 운율의 현양이 아니고 텍스트 전체를 한하는 총체적 현양이 이루어지고 있는 경우이다.

  딸 다산의 외할머니, 눈을 따는 씨감자, 남아선호의 외할머니 억척 같은 것들은 현양화되지 못하는 자동화의 소산이다. 이런 언어 또는 습성의 습관화(Habituation)를 파괴하는 현양은 거듭 말해 독자의 지각을 연장시키고 강화시킨다. 이런 점에서 황영애 시의 기법은 사물들을 낯설게 하는 것이며 '방해된 형식(Impeded form)'이다. 소쉬르의 말로 하면 이들은 모두 시니피에(기의, Signifie)가 아닌 시니피앙(기표, Signifiant)의 층위와 관련된 것이다. 의미론적 층위에서 언어의 전체적 재조직에 결정적인 영향을 미친다 하겠다. 황영애 시인은 그래서 텍스트 「씨감자」에서 언어(기표와 기의)에 집착하지 않고 시의 총체적 의미론에 집중한다. 그것은 딸만 내리 칠공주나 낳고 한숨을 쉰다든가에 현양(낯설게)하지 않고 앞집 머슴애의 불알을 슬쩍 쓰다듬고는 씨감자 바구니를 들고 빈 밭으로 나가시곤 하셨다고 포그라운딩을 실현하는 것이다. 이와 같은 시인의 메타포어에 실은 하비테이션 파괴의 현양을 생에 반을 만삭인 채로 씨알 굵은 감자를 키워낸 외할머니의 '억척'은 그 자체가 삶이 되어 이 시 전체의 의미론적 강화에 기여하고 화자가 눈물이 난다고 했듯 독자 누선에도 크게 눈물샘을 자극한다. 황영애 시인의 '낯설수록 더 아름다운 풍경'을 지향하는 시정신의 포그라운딩 그 일렁이는 아우라(Aura)에 집중하는 것으로 척박하게나마 은유시인 '황영애론' 피날레에 이를까 한다.

  내린천에
  고래 한 마리 산다는

전설을 믿기로 했다
코스모스 가을 자세로 붉고
차창에 윤슬처럼 어룽지는
콩잎, 옥수수 늙은 대궁
성근 가을의 문장처럼
빈 들이 고래의 물길이다

후릿그물 들쳐 메고
잰걸음으로 들녘을 지나는 촌부들
마음속에 품은 작살은
세월처럼 무뎌져도
그 날 예리할까
세월의 과녁이 옮겨지듯
상념은 백담사 만해마을
내린천을 건너고
낯설수록 더 아름다운 풍경

무자정 더 가봐야겠디
길이 끝난 곳, 거기 전설처럼
고래 한 마리 숨 쉬고 있겠지

―「고래를 꿈꾸며」 전문

  시인(황영애)은 이제 예시(例詩)에 이르면 "잰걸음으로 들녘을 지나는 촌부들" 마음속에 품은 작살처럼 무뎌진 꿈을 현양화시킨다. 그것은 낯설수록 더 아름다운 풍경, 고래 한 마리 숨 쉬고 있을 그런 꿈같은 곳이다. 날마다 막장 드라마에 전설의 포그라운딩이 무언지 눈 뜬

청매과니로 사는 여인들에게 예술[詩·小說]의 삶을 뒤흔드는 현양주의 기법은 신선한 빗줄기 같은 변화의 물줄기가 되고도 남는다. 고래를 꿈꾸며 사는 삶은 "낯설수록 더 아름다운 풍경" 속에 자아를 존재케하는 현양(顯樣)주의 정신이다. 시인(황영애)의 이와 같은 포에지는 우리에게 적잖이 친숙한 수사학인 은유법에 의해 소통의 미학적 교환 가치로 수렴되었다. 시인은 우리나라 여성시인들 메타포어 포그라운딩 텍스트 수위(水位)가 어느 정도인가 여기 인용하는「꽃 몸살」을 전편(全篇) 인용해 보임으로써 해답(解答)을 삼을까 한다.

    며칠간 너와 부벼대고 싶어
    수은등 아래 네 향기 껴안고
    찢어진 입술처럼 각혈하고 싶어
    몸살로 전해오는 네 응답
    오, 머뭇거리지 않겠네

           —「꽃 몸살」전문

  혹자는 이 텍스트의 외연작용(外延作用, Extension)만 읽어내고 매우 섹시한 느낌을 받을 것이다. 그것이 이 텍스트의 자동화 독법이다. 그러나 첫 행 "며칠간 너와 부벼대고 싶어"는 몸살 난 시적 주체가 "수은등 아래", 즉 가로등 아래가 아닌 자신의 아늑한 침대일 수도 있겠고, 그 자신의 침실에서 감기 몸살을 치유하는 것이 이 텍스트 내연작용(內延作用, Intension)이다. 이와 같은 알렌 테이트의 텐션(Tension)의 시학은 앞에 외연작용과 내연작용 두 가지 속성이 있는데 시의 의미는 위

두 가지 속성 중 어느 것도 아니고 이 양자가 작용해서 만들어내는 제3의 속성이라는 것이다. 외연(外延)과 내연(內延)을 이성(理性)과 감정(感情)에 적용시킨다면, 인간이 갖고 있는 그 두 가지 극단적인 속성이 통일되어 생기는 새로운 역학적인 긴장 상태(Tension)를 시의 참모습으로 보는 것이다. 엘리어트의 통합된 감수성 이론과 같은 이야기이다(사상(思想)과 감정(感情)의 통합된 감수성의 시).

이제 황영애 은유시, 「꽃 몸살」이 에로티시즘 시가 아닌 포그라운딩(顯樣, 낯설게하기) 시임을 확인하였다. 감기 몸살을 저 '꽃 몸살' 회복하듯 회복하려 한다면 순식간일 터이다. 시어 모두가 메타포어로 되어 있음을 간과하지 말아야 한다.

황영애 은유시론에서 현양시의 낯설게하기 미학이 우리에게 주는 시의 미학은 저 '꽃 몸살' 처럼 그 외연도 내연도 아름답기 때문에 성립되고 있다 하겠다.

문학세계대표작가선 833

내가 낯설다

황영애 시집

인쇄 1판 1쇄　2017년 12월 9일
발행 1판 1쇄　2017년 12월 16일

지 은 이 : 황영애
펴 낸 이 : 김천우
펴 낸 곳 : 도서출판 천우
등　　록 : 1992. 2. 15. 제1-1307호
주　　소 : 서울시 성동구 무학봉28길 6 금용빌딩 2F
전　　화 : 02)2298-7661
팩　　스 : 02)2298-7665
http://moonhak.wla.or.kr
E-mail : chunwo@hanmail.net

ⓒ 황영애, 2017.

값 9,000원

* 도서출판 천우와 저자의 서면 동의 없는 무단 전재 및 복제를 금합니다.
* 저자와의 협의에 따라 인지는 생략합니다.

**이 책은 당진문화재단 사업비로 제작되었으며 「2017 당진올해의문학인」
선정작품집입니다.**

ISBN 978-89-7954-698-9

이 도서의 국립중앙도서관 출판예정도서목록(CIP)은 서지정보유통지원시스템 홈페이지
(http://seoji.nl.go.kr)와 국가자료공동목록시스템(http://www.nl.go.kr/kolisnet)에서 이용
하실 수 있습니다. (CIP제어번호: CIP2017032798)